BEI GRIN MACHT SICH IHR WISSEN BEZAHLT

AF140266

- Wir veröffentlichen Ihre Hausarbeit, Bachelor- und Masterarbeit

- Ihr eigenes eBook und Buch - weltweit in allen wichtigen Shops

- Verdienen Sie an jedem Verkauf

Jetzt bei www.GRIN.com hochladen und kostenlos publizieren

Bibliografische Information der Deutschen Nationalbibliothek:

Die Deutsche Bibliothek verzeichnet diese Publikation in der Deutschen National-bibliografie; detaillierte bibliografische Daten sind im Internet über http://dnb.d-nb.de/ abrufbar.

Dieses Werk sowie alle darin enthaltenen einzelnen Beiträge und Abbildungen sind urheberrechtlich geschützt. Jede Verwertung, die nicht ausdrücklich vom Urheberrechtsschutz zugelassen ist, bedarf der vorherigen Zustimmung des Verla-ges. Das gilt insbesondere für Vervielfältigungen, Bearbeitungen, Übersetzungen, Mikroverfilmungen, Auswertungen durch Datenbanken und für die Einspeicherung und Verarbeitung in elektronische Systeme. Alle Rechte, auch die des auszugsweisen Nachdrucks, der fotomechanischen Wiedergabe (einschließlich Mikrokopie) sowie der Auswertung durch Datenbanken oder ähnliche Einrichtungen, vorbehalten.

Impressum:

Copyright © 2017 GRIN Verlag, Open Publishing GmbH
Druck und Bindung: Books on Demand GmbH, Norderstedt Germany
ISBN: 9783668490499

Dieses Buch bei GRIN:

http://www.grin.com/de/e-book/371113/steigerung-der-servicequalitaet-durch-ein-mystery-shopping-projekt-in-einem

Ivanna Moissejenko

Steigerung der Servicequalität durch ein Mystery-Shopping-Projekt in einem Restaurant

GRIN Verlag

GRIN - Your knowledge has value

Der GRIN Verlag publiziert seit 1998 wissenschaftliche Arbeiten von Studenten, Hochschullehrern und anderen Akademikern als eBook und gedrucktes Buch. Die Verlagswebsite www.grin.com ist die ideale Plattform zur Veröffentlichung von Hausarbeiten, Abschlussarbeiten, wissenschaftlichen Aufsätzen, Dissertationen und Fachbüchern.

Besuchen Sie uns im Internet:

http://www.grin.com/

http://www.facebook.com/grincom

http://www.twitter.com/grin_com

Modul SQF60 - Schlüsselqualifikationen für Studium und Beruf

Steigerung der Servicequalität durch ein Mystery-Shopping-Projekt in einem Restaurant

9. Juni 2017

Ivanna Moissejenko

Inhaltsverzeichnis

Abbildungs- und Tabellenverzeichnis...2

Abkürzungsverzeichnis...3

1. Einleitung 4

2. Mystery Shopping aus theoretischer Perspektive 5
    2.1 Definition von Mystery Shopping 5
    2.2 Vorteile des Verfahrens 6
    2.3 Nachteile des Verfahrens 7
    2.4 Begriffsbestimmung von Service und Servicequalität....................................7

3. Umsetzung des Mystery-Shopping-Projekts anhand eines Restaurants 8
    3.1 Problemdefinition und Zielbestimmung 8
    3.2 Erstellung des Testbogens 9
    3.3 Auswahl und evtl. Schulung der Tester 12
    3.4 Datenerhebung, Auswertung und Handlungsempfehlungen 12

4. Fazit und kritische Würdigung 13

5. Literaturverzeichnis 15

Abbildungs- und Tabellenverzeichnis

Tabelle 1: Profil „Mystery Shopping"...6

Abbildung 1: Ablauf eines Mystery-Shopping-Projektes.......................................9

Tabelle 2: Operationalisierung der Untersuchungsziele 10

Tabelle 3: Beurteilungsbogen für Mystery-Shopping-Projekt 11

Abkürzungsverzeichnis

Sog.	so genannte
z.B.	zum Beispiel
evtl.	eventuell
mind.	mindestens

Einleitung

Servicequalität ist einer der zentralen Faktoren, die den Erfolg eines Unternehmens bestimmen. Aus diesem Grund bemühen sich immer mehr Anbieter um ein hohes Niveau an Servicequalität und eine herausragende Zufriedenheit der Kunden. Die systematische Ermittlung der Kundenerwartungen und deren Umsetzung in Servicestandards kommt dabei besondere Bedeutung zu. [1] Dies betrifft insbesondere die Dienstleistungsbranche. Je höher die Servicequalität ist, desto höher ist die zu erwartende Kundenzufriedenheit. Kundenzufriedenheit ist die Voraussetzung für Kundenbindung, die wiederum zum langfristigen ökonomischen Erfolg der Unternehmung führt.

Zur Messung von Dienstleistungsqualität bzw. zur Ermittlung des Ist-Zustandes im Unternehmen stehen verschiedene Ansätze zur Verfügung, wobei Mystery Shopping zunehmend an Bedeutung gewinnt. Dementsprechend werden im Rahmen dieser Arbeit die Planung und Durchführung eines Mystery-Shopping-Projektes am Beispiel eines Restaurants (Franchisenehmer) erarbeitet. Das Hauptziel ist durch Mystery-Shopping-Maßnahmen die Servicestandards zu überprüfen und anhand der Ergebnisse die entsprechende Maßnahme zu treffen, damit die Servicequalität der Mitarbeiter verbessert und folglich die Kundenzufriedenheit erhöht wird.

Die Ausarbeitung beginnt mit theoretischen Grundlagen. Hier werden relevante Begriffsdefinitionen erläutert, Vor- und Nachteile des Mystery Shopping dargestellt. Nachher geht es um die Umsetzung des Mystery-Shopping-Projekts in seiner idealtypischen Planung für ein Restaurant. Es werden kurz fünf Phasen des Verfahrens dargelegt und abschließend wird das Verfahren Mystery Shopping in einem kurzen Fazit gewürdigt.

---

[1] Vgl. MATZLER/PECHLANDER/KOHL (2000), S. 157 ff

2. Mystery Shopping aus theoretischer Perspektive

2.1 Definition von Mystery Shopping

Mystery Shopping stellt als Instrument der Marktforschung eine verdeckte Beobachtung dar, die im Rahmen eines Testkaufs einzelne Qualitätsmerkmale überprüfen soll. Dabei wird Mystery Shopping überall dort eingesetzt, wo das Unternehmen im direkten Kontakt mit seinen Kunden tritt. Als Synonyme können auch die Begriffe „Silent Shopping" oder „Testkauf" verwendet werden. Das Verfahren wird vor allem als Marketing-Controlling-Instrument eingesetzt, um die Kundenbindung zu verbessern[2].

„Mystery Shopping ist anschließend der Einsatz geschulter Beobachter, die als normale Kunden auftreten und reale Kundensituationen wahrnehmen, mit dem Ziel, das Dienstleistungsgeschehen nach einem zuvor festgelegten Kriterienkatalog zu bewerten, um ein objektiviertes Bild der Leistungsqualität des Unternehmens zu gewinnen, welches als Grundlage für strategische Entscheidungen und operative Maßnahmen zur Qualitätsverbesserung dient, um die objektive und wahrgenommene Dienstleistungsqualität zu verbessern."[3]

Anonyme Mystery Shopper durchlaufen als gewöhnliche Interessenten in einer teilnehmenden, d.h. einer aktiv, aber verdeckt in den Serviceprozess eingreifenden Beobachtung eine möglichst reale Dienstleistungssituation, um den erbrachten Beratungs- oder Verkaufsprozess anhand von vorher verinnerlichten Kriterien zu überprüfen und Schwachstellen aufzudecken. [4] Zusätzlich können die Testkunden instruiert werden, weitere Qualitätskriterien wie den Sauberkeitsgrad und die Ausstattung der Geschäftsräume zu bewerten. Das Notieren der Testkundenurteile erfolgt außerhalb der Geschäftsräume, in dem die Mystery Shopper unbeobachtet einen vorgefertigten Fragebogen vervollständigen. [5] Die Rolle des Mystery Shoppers und der Inhalt des Testkaufs sind genau vorgegeben, so dass eine gewisse Standardisierung des Verfahrens möglich wird. Zur Datenerhebung nutzt Mystery Shopping eine sog. vollbiotische Situation, die dadurch charakterisiert wird, dass sich der Beobachtete zum Zeitpunkt der Durchführung nicht über Zielsetzung und Aufgabe

---

[2] Vgl. FOERSTER (2016)
[3] GUNNAR (2008), S. 11
[4] Vgl. MATZLER/KITTINGER/ROSANELLI (2000), S.222
[5] Vgl. NERDINGER (1994), S.209

5

der Beobachtung sowie der Bewertung seiner Person im Klaren ist. [6] Tabelle 1 beschreibt anschaulich die charakteristischen Merkmale des Verfahrens.

Tabelle 1: Profil „Mystery Shopping"[7]

	Verfahren Mystery Shopping
Untersuchungsziel	Bewertung der Dienstleistungsqualität
Methode	Beobachtung in realer Dienstleistungssituation (Feldbeobachtung)
Partizipationsgrad	Verdeckt, teilnehmend
Vorgehensweise	standardisiert
Erhebungssituation	vollbiotisch

2.2 Vorteile des Verfahrens

Mithilfe von Mystery Shopping kann die Servicequalität umfassend abgebildet werden. Zudem macht Mystery Shopping es möglich, konkrete Qualitätswahrnehmungen der Kunden aufzudecken. Testkäufe haben im Gegensatz zu Kundenbefragungen verlässlichere Aussagen als Folge, da mithilfe von unabhängigen und geschulten Testkäufern Objektivität gewährleistet werden kann. Mystery Shopping liefert darüber hinaus ein klares Leitbild der Leistung bei Kundenbetreuungen. Somit können Verbesserungspotenziale identifiziert und Mitarbeiter entsprechend geschult werden, indem ihnen unter anderem diejenigen Faktoren vor Auge geführt werden, auf die Kunden besonders viel Wert legen. In dem Hinblick kann auch die Beziehung zwischen Mitarbeitern und Kunden verbessert werden, was eine nachhaltige Kundenbindung zur Folge hat, welche maßgeblich zum Unternehmenserfolg beiträgt. Außerdem nehmen Kunden, die mit der Service- und Dienstleistungsqualität zufrieden sind, das Unternehmen anders wahr und folglich kann dadurch das Markenimage verbessert werden. Da es sich bei Mystery Shopping Analysen um verdeckte Testkäufe handelt, kann zudem die Realität widergespiegelt werden.[8]

---

[6] Vgl. BEREKOVEN/ECKERT/ELLENRIEDER (2001), S.147
[7] Vgl. SCHWARK (2007), S. 12
[8] Vgl. FOERSTER (2016)

2.3 Nachteile des Verfahrens

Nachfolgend werden die Nachteile des Mystery Shoppings benannt, welche aber in der Gegenüberstellung zu den Vorteilen nicht überwiegen. Zunächst muss erwähnt werden, dass die Ergebnisse der Durchführung nicht repräsentativ sind. Diese gelten ausschließlich für den untersuchten Bereich bzw. Unternehmen. [9] Dies wird in diesem Fall jedoch nicht erwartet.

Die unter die Lupe genommenen Mitarbeiter werden darüber hinaus manchmal über das Vorhaben einer solchen Analyse nicht informiert und können entsprechend weder das Ergebnis beeinflussen, noch sich weigern an einem Mystery-Shopping-Projekt teilzunehmen. Somit besteht die Gefahr des Vertrauensverlusts der Mitarbeiter. Zusätzlich kann aus einer durchgeführten Mystery Shopping Analyse das Problem resultieren, dass Mitarbeiter diese eher als Kontrolle und nicht als motivationssteigernde Maßnahme erachten. Im Gegensatz dazu können die Ergebnisse eines Mystery Checks verfälscht werden, wenn Mitarbeiter über ein solches Vorhaben aufgeklärt werden. Zudem müssen Testkäufe mehrmals durchgeführt werden, um aussagekräftige Erkenntnisse zu erlangen, die nicht durch einmalig auftretende Effekte beeinflusst werden. Bei der Durchführung eines Mystery Checks bei Konkurrenzunternehmen können zudem ökonomische Probleme auftreten, da Mitarbeiter des Konkurrenzunternehmens sich dem Tester widmen und nicht dem Kunden, der eventuell einen Kauf tätigen wird.

Und anschließend stellt Mystery Shopping ein zeitaufwändiges und kostenintensives Instrument der Marktforschung dar, was sich als sein größter Nachteil erwiesen hat.[10]

2.4 Begriffsbestimmung von Service und Servicequalität

Aufgrund des heterogenen Charakters von Dienstleistungen[11] liegt in der Literatur eine Vielzahl Definitionen vor, wobei keine allgemein anerkannte Begriffsfestlegung existiert. [12] Eine sehr weite und umfassende Definition wurde vom Schüller sehr anschaulich erläutert:

---

[9] Vgl. STALZER (2007), S. 34 f.
[10] Vgl. FOERSTER (2016)
[11] Die Begriffe „Dienstleistung" und „Service" werden hier als Synonyme verwendet.
[12] Vgl. MEFFERT/BRUHN (2000), S. 15

„Jede menschliche Tätigkeit ist im eigentlichen und ursprünglichen Sinne eine „Dienstleistung",

d.h. eine Leistung im Dienste eigener und/oder anderer Interessen. Man kann auch sagen: Das, was der Mensch tut, um seine physische und psychische Arbeitskraft mit oder ohne Verbindung zur materiellen Güterwelt in den Zweckbereich der menschlichen Bedürfnisbefriedigung zu bringen, ist eine Dienstleistung." [13]

Ähnlich wie bei der Begriffsbestimmung der Dienstleistung sind die Beiträge zur Bestimmung des Begriffes „Dienstleistungsqualität" vielfältig und zum Teil sehr unterschiedlich. So legt Bruhn z.B. die Definition vor:

„Dienstleistungsqualität ist die Fähigkeit eines Anbieters, die Beschaffenheit einer primär intangiblen und der Kundenbeteiligung bedürfenden Leistung gemäß den Kundenerwartungen auf einem bestimmten Anforderungsniveau zu erstellen. Sie bestimmt sich aus der Summe der Eigenschaften bzw. Merkmale der Dienstleistung, bestimmten Anforderungen gerecht zu werden." [14]

Demnach ist das Urteil über die Dienstleistungsqualität das Ergebnis eines Vergleichs von erwarteter und tatsächlich erbrachter Dienstleistung. [15]

3. Umsetzung des Mystery-Shopping-Projekts anhand eines Restaurants

3.1 Problemdefinition und Zielbestimmung

Die Mystery Shopping Durchgänge bedürfen als Grundlage für eine objektive Bewertung einer sorgfältigen Planung und Vorbereitung. Ausgangspunkt für die hier vorgestellte Mystery-Shopping-Durchführung war der Auftrag des Inhabers des zu testenden Restaurants, der als Mitglied einer Franchisekette angehört. Es ist bekannt, dass eine hohe Dienstleistungsqualität sich positiv auf den wirtschaftlichen Erfolg des Unternehmens auswirkt. Aus diesem Grund wurde kurzfristig als Ziel festgelegt handlungsrelevante Informationen zu gewinnen, aus denen Maßnahmen abgeleitet werden können. Langfristiges Ziel besteht in der Entdeckung von Schwachstellen sowie in der Verbesserung der objektiven und wahrgenommenen Servicequalität.

---

[13] SCHÜLLER (1967), S. 19
[14] BRUHN (2000), S. 29
[15] Vgl. CORSTEN (2001), S. 299, BRUHN (2006), S. 41

Aussagekräftige Ergebnisse können nur dann erzielt werden, wenn der Ablauf des Projekts detailliert strukturiert wurde. Im Folgenden wird der Idee von Drees und Schiller gefolgt, den Prozess in fünf Abschnitte zu gliedern:

Abbildung 1: Ablauf eines Mystery-Shopping-Projektes [16]

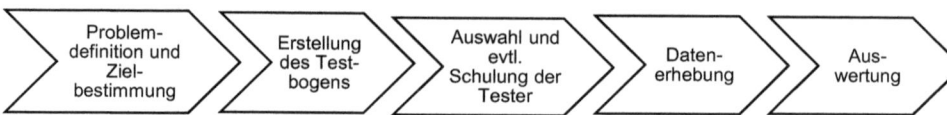

Im Rahmen dieser Arbeit wird davon ausgegangen, dass die Servicequalität eines der wichtigsten Faktoren ist wer bestimmt, ob ein Kunde dieses Restaurant wieder besuchen wird. Die Servicequalität zeigt sich vor allem in solchen Dimensionen wie Fachkompetenz, Freundlichkeit und Schnelligkeit.

3.2 Erstellung des Testbogens

In der Phase zwei werden dann die Untersuchungsziele operationalisiert und in einem Beobachtungskatalog zusammengefasst, dessen Güte die Erkenntnisqualität bestimmt. [17]

Unter Operationalisierung versteht man die Zuordnung von beobachtbaren Merkmalen zu einem theoretischen Begriff. [18]

Dies soll für unsere Dimensionen Freundlichkeit, Schnelligkeit und Fachwissen und ihre Bewertung folgendermaßen aussehen:

---

[16] Vgl. DREES/SCHILLER (2000), S. 70; vgl. DREES/SCHILLER (2001), S. 8
[17] Vgl. HESSLER (1999), S.61
[18] Vgl. SCHNELL/HILL/ESSER (2008), S. 11

Tabelle 2: Operationalisierung der Untersuchungsziele (eigene Darstellung)

Problem	Untersuchungsziel	Merkmal	Merkmalausprägung (z. B)
Unzureichender Informationsstand zur Kundenorientierung der Verkaufsgespräche	Überprüfung der Freundlichkeit	Bemüht sich der Mitarbeiter um eine angenehme Atmosphäre?	Sucht der Mitarbeiter immer wieder Kontakt?
	Überprüfung der Schnelligkeit	Zeit bis zum Getränk, zur Vorspeise, zum Hauptgericht	Wie lange hat es gedauert, bis der Kunde seine Bestellung bekommen hat?
	Überprüfung der Fachkompetenz	Wissen über Zutaten, Vorbereitungsdauer	Hat der Mitarbeiter alternative Varianten zur Auswahl?

Wie der Tabelle 2 zu entnehmen ist, werden die definierten Untersuchungsziele in messbare Merkmale überführt. Diese Merkmale können dann mittels einer Vielzahl von Merkmalsausprägungen eindeutig abgebildet werden. Sämtliche Merkmale eines Marketingproblems sind mit einigen Fragestellungen zu hinterlegen. [19]

Nächster Schritt ist die Erstellung des Fragebogens. Bedeutsam ist dabei, dass die verwendeten Skalen keinen subjektiven Ermessensspielraum für den Testkunden offen lassen, welcher die objektiven Ergebnisse verfälschen konnte. Aufgrund dessen empfiehlt es sich, auf Ja-Nein-Skalen zurückzugreifen, da mithilfe dieser subjektiv interpretierbare Spielräume reduziert werden. [20] Die Anzahl der Beurteilungskriterien sollte zudem begrenzt sein, da selbst geschulte Tester nur über eine gewisse geistige Kapazität verfügen. [21]

Auf dieser Basis wird nun ein Bewertungsbogen erstellt (siehe Tabelle 3), den die Testkäufer bei ihren Besuchen vollständig ausfühlen sollen. Somit können Mystery Shopper den gegenwärtigen Zustand der Dienstleistungsqualität objektiv abbilden.

---

[19] Vgl. DREES/SCHILLER (2000), S. 168
[20] Vgl. SCHLICH (2006), S.74
[21] Vgl. MATZLER/KITTNGER (2000), S.236

Tabelle 3: Beurteilungsbogen für Mystery-Shopping-Projekt (eigene Darstellung)

Untersuchungsziel	Merkmalausprägungen	Skalen	
Freundlichkeit	Sucht der Mitarbeiter immer wieder Kontakt?	☐ Ja	☐ Nein
	Gab es eine Begrüßung/Verabschiedung der Gäste?	☐ Ja	☐ Nein
	War der Mitarbeiter bereit besondere Wünsche zu erfüllen?	☐ Ja	☐ Nein
Schnelligkeit	Hat es verhältnismäßig lange gedauert, bis der Kunde seine Bestellung bekommen hat?	☐ Ja	☐ Nein
	Gab es längere Wartezeichen auf die rechnung?	☐ Ja	☐ Nein
	Hat der Kunde lange auf sein Wechselgeld gewartet?	☐ Ja	☐ Nein
Fachkompetenz	Hat der Mitarbeiter Alternative bei besonderen Vorlieben zur Auswahl gehabt?	☐ Ja	☐ Nein
	Kennt sich der Mitarbeiter gut mit der Speisekarte aus?	☐ Ja	☐ Nein
	Hat der Mitarbeiter den Inhalt der Gerichte gekannt?	☐ Ja	☐ Nein

3.3 Auswahl und evtl. Schulung der Tester

Bei der vorliegenden Mystery Shopping-Untersuchung wurde eine externe Agentur beauftragen, da eigene Mitarbeiter und tatsächliche Kunden nur bedingt geeignet sind.[22] Agenturen unterscheiden sich durch einen unterschiedlichen Pool an Testkäufern. Im Fall eines Franchisenehmers wäre es denkbar, da es sowohl einige Ansätze für ein objektiviertes Vorgehen zur Systemverbesserung, als auch vermarktbare Attribute für den Franchisegeber gibt.

Eine Schulung der Testpersonen ist in jedem Fall wichtig, um mit den Erhebungsinstrumenten umgehen zu können und um in den beobachteten Kundenkontaktsituationen nicht aufzufallen. Dafür werden am besten Pretests durchgeführt.

Von Bedeutung ist auch, dass Testkunden bezüglich Geschlecht, Alter und einer Auswahl an Eigenschaften den Durchschnittskunden des Restaurants entsprechen, um die Aufdeckungsgefahr zu reduzieren. [23]

3.4 Datenerhebung, Auswertung und Handlungsempfehlungen

Im nächsten Schritt, der eigentlichen Simulation, werden die Daten erhoben. Die Testpersonen verhalten sich so, wie es die im Voraus definierte Sachlage vorgibt. [24] Um repräsentatives Bild zu erreichen, braucht man eine Vielzahl von Testkunden, die mehrere Tests durchführen. Dadurch wird eine objektivere Darstellung des Servicezustandes aus verschiedenen Blickwinkeln vorgestellt. Nun werden die Testkäufer mit dem vorhervorbereiteten Bewertungsbogen ins Restaurant geschickt, um sich als „echte" Kunden getarnt ein Bild über den Grad der Servicequalität zu machen. Unmittelbar nach Verlassen des Restaurants wird der Beurteilungsbogen ausgefüllt. Dies ermöglicht eine genauere Aufzeichnung der Daten.

In der abschließenden Phase werden die Daten analysiert, ausgewertet und ein Ergebnisbericht erstellt. Damit die Ergebnisse der einzelnen Testbesuche am Ende untereinander vergleichbar sind, weisen alle Testkäufer ein standardisiertes Profil, also die gleichen oder sehr ähnliche Wünsche und Bedürfnisse.

---

[22] Vgl. MATZLER/KITTNGER (2000), S.236
[23] Vgl. HAAS (2001), S.93
[24] 18 Vgl. HÖHNER/SCHAPER (2004), S. 34

Gerade die Art und Weise, wie diese Daten analysiert, ausgewertet und dargestellt werden, bestimmt, wie gut der Restaurant die Ergebnisse zur weiteren Verbesserung seiner Servicequalität nutzen kann.[25] Schließlich ist zwingend erforderlich jeden Berichtsbogen auf Qualität, Objektivität und Validität zu testen. Nach einer genauen Ermittlung der gegenwärtigen Servicequalität werden die Resultate vorgestellt und Verbesserungspotenziale ermittelt.

Ziel dieses Projektes war nicht nur die Messung der Servicequalität, sondern auch seine stetige Verbesserung. Die Verkaufszahlen sollen dadurch gesteigert werden. Als Beispiel wäre eine absatzbezogen Gehaltserhöhung empfehlenswert, damit die Erhebung eine Auswirkung für die Mitarbeiter hat und einen Leistungs- und Motivationsanreiz erzeugt. Anschließend sollen Personalentwicklungsmaßnahmen, solche wie Schulungen für individuelle Mitarbeiter, organisatorische Vorgehensweisen, innenbetriebliche Umstrukturierungen abgeleitet werden, um die betreffende Servicedefizite zu beseitigen.

Der Erfolg solcher Schulungen und Verbesserungsmaßnahmen lässt sich im Zeitreihenvergleich schnell und einfach überprüfen. Das ermöglicht einen effizienteren Ressourceneinsatz bei Test und Optimierung, weil sich unser Restaurant auf die wirklich wesentliche Dinge konzentrieren kann.[26]

4. Fazit und kritische Würdigung

Mystery Shopping ist also ein hervorragendes Instrument, um die Servicequalität objektiv messen zu können und aufgrund der gesammelten Daten in Aktion zu treten. Im Gegensatz zur Kundenbefragung, bei den subjektive Meinungen der eigentlichen Kunden im Fokus stehen, werden im Rahmen des Mystery-Shopping-Projekts die objektiven Ergebnisse von internen und auch externen Testern untersucht. Es kann drüber hinaus als Motivationsinstrument fungieren, wenn die Mitarbeiter über die Durchführung des Projekts informiert sind und sich somit allgemein engagierter verhalten. Andererseits ist Nachteil solcher Analyse unter Umständen, wie es schon vorher erwähnt wurde, der Vertrauensverlust der Mitarbeiter, die von den Testkäufern nicht in Kenntnis gesetzt werden. Zudem ist Mystery Shopping manchmal nicht in der Lage sich auf die Gelegenheiten zu konzentrieren, die für den Auftraggeber von

---

[25] O.V. (2009), S. 2
[26] O.V. (2009), S. 5

Bedeutung sind. Aus diesem Grund sind Schulung der Tester, klare Definition der Ziele, Absprache mit dem Auftraggeber über relevante Aspekte, sowie Anpassung des Fragebogens die wichtigsten Momente, die unbedingt geklärt werden sollen.

Zusammenfassend lässt sich festhalten, dass professionell eingesetztes Mystery Shopping eine effektive Möglichkeit zur Kontrolle der Servicequalität bietet und unter den richtigen Umständen kann dazu beitragen, langfristig den wirtschaftlichen Erfolg eines Restaurants zu sichern.

Literaturverzeichnis

1.   BEREKOVEN, L./ECKERT, W./ELLENRIEDER, P. (2001): Marktforschung. Methodische Grundlagen und praktische Anwendung. Wiesbaden: Gabler.

2.   BRUHN, M. (2000): Qualitätssicherung im Dienstleistungsmarketing. Eine Einführung in die theoretischen und praktischen Problemen, in: Bruhn, M., Stauss, B. (Hrsg.). Dienstleistungsqualität. Grundlagen – Konzepte – Methoden. Wiesbaden: Gabler, S. 21–48.

3.   BRUHN, M. (2006): Qualitätsmanagement für Dienstleistungen: Grundlagen – Konzepte – Methoden. Berlin: Springer.

4.   CORSTEN, H. (2001). Dienstleistungsmanagement. München: Oldenbourg.

5.   DREES, N./SCHILLER, S. (2000): Mystery Shopping - Ein Instrument zur Überprüfung der Servicequalität, in: Absatzwirtschaft 43 (9), S. 66-71.

6.   DRESSS, N./SCHILLER, S. (2001): Mystery Shopping: Wie Dienstleistungsqualität messbar wird. In: Transfer – Werbeforschung & Praxis 46 (1), S. 6-11.

7.   DREES, N.; SCHILLER S. (2003): Ein Instrument zur systematischen Optimierung von Kundenzufriedenheit im Dienstleistungsbereich, in: Kamenz, U: Applied Marketing. Anwendungsorientierte Marketingwissenschaften der deutschen Fachhochschulen.

8.   FOERSTER; B. (2016): Mystery Shopping (2016), in: Deutsches Institut für Marketing, URL: https://www.marketinginstitut.biz/blog/mystery-shopping/#Mystery_Shopping_Ziele (Stand: 26.05.2017).

9.   GRIEGER, G. (2008): Die Ergebnisqualität von Testkunden aus unterschiedlichen soziodemografischen Gruppen beim Mystery Shopping. Dissertation: Flensburg.

10.   HAAS, A. (2001). Wie entsteht Beratungszufriedenheit?: Ergebnisse einer Mystery Shopping-Studie im Gebrauchsgüterhandel, in: Diller, H. (Hrsg.). Der moderne Verbraucher - neue Befunde zum Einkaufsverhalten. Nürnberg: GIM, S.87-106.

11.   HESSLER, A. (1999): Mystery Shopping – Was läuft falsch im Verkaufsgespräch, in: Absatzwirtschaft, 42 (11), S-61.

12.   HÖHNER, J./SCHAPER, C. (2004): Vom Kundenfrust zur Kundenlust: Mystery Research als Instrument zur Messung der Servicequalität am Point-of-Sale, in: Planung & Analyse, 31, S. 32-39.

13.   MATZLER, K./KITTINGER-ROSANELLI, C. (2000): Mystery Shopping als Instrument zur Messung der wahrgenommenen Dienstleistungsqualität von Banken. Jahrbuch der Absatz- und Verbrauchsforschung, Bd. 46, 3, S.220-241.

14.   MATZLER, K./PECHLANER, H./KOHL, M. (2000): Formulierung von Servicestandards für touristische Dienstleistungen und Überprüfung durch den Einsatz von Mystery Guests, in: Tourismus Journal 4 (2), S. 157-176.

15.   MEFFERT, H./BRUHN, M. (2000): Dienstleistungsmarketing, 2. Aufl., Wiesbaden 2000.

16.   NERDINGER, F.W. (1994). Zur Psychologie der Dienstleistung: Theoretische und empirische Studien zu einem wirtschaftspsychologischen Forschungsgebiet. Stuttgart: Schäffer-Poeschel.

17.   O.V.(2009): Mit Mystery Shopping zu besserem Service, URL: https://www.vocatus.de/files/pdf/Feedback-2009-02_Mit_Mystery_Shopping_zu_besserem_Service.pdf, (Stand 05.06.2017).

18.   SCHLICH, A. (2006): Mystery Shopping – Was läuft falsch im Verkaufsgespräch, in: Absatzwirtschaft, 42 (11), S. 74.

19.   SCHNELL, R./HILL, P.B./ESSER, E. (2008): Methoden der empirischen Sozialforschung, München / Wien.

20.   SCHÜLLER, A. (1967) Dienstleistungsmärkte in der Bundesrepublik Deutschland, Westdt. Verl., Köln-Opladen.

21.   SCHWARK, T. (2003): Mystery Shopping als Instrument zur Bewertung von Dienstleistungsqualität, Hamburg, Diplomica Verlag GmbH, URL: http://www.diplom.de/e-book/226036/mystery-shopping-als-instrument-zur-bewertung-von-dienstleistungsqualitaet (Stand 29.05.2017).

22.   STALZER, L. (2007): Handbuch der Marktforschung, 2.Aufl.,Wien.

BEI GRIN MACHT SICH IHR WISSEN BEZAHLT

- Wir veröffentlichen Ihre Hausarbeit,
  Bachelor- und Masterarbeit

- Ihr eigenes eBook und Buch -
  weltweit in allen wichtigen Shops

- Verdienen Sie an jedem Verkauf

Jetzt bei www.GRIN.com hochladen und kostenlos publizieren